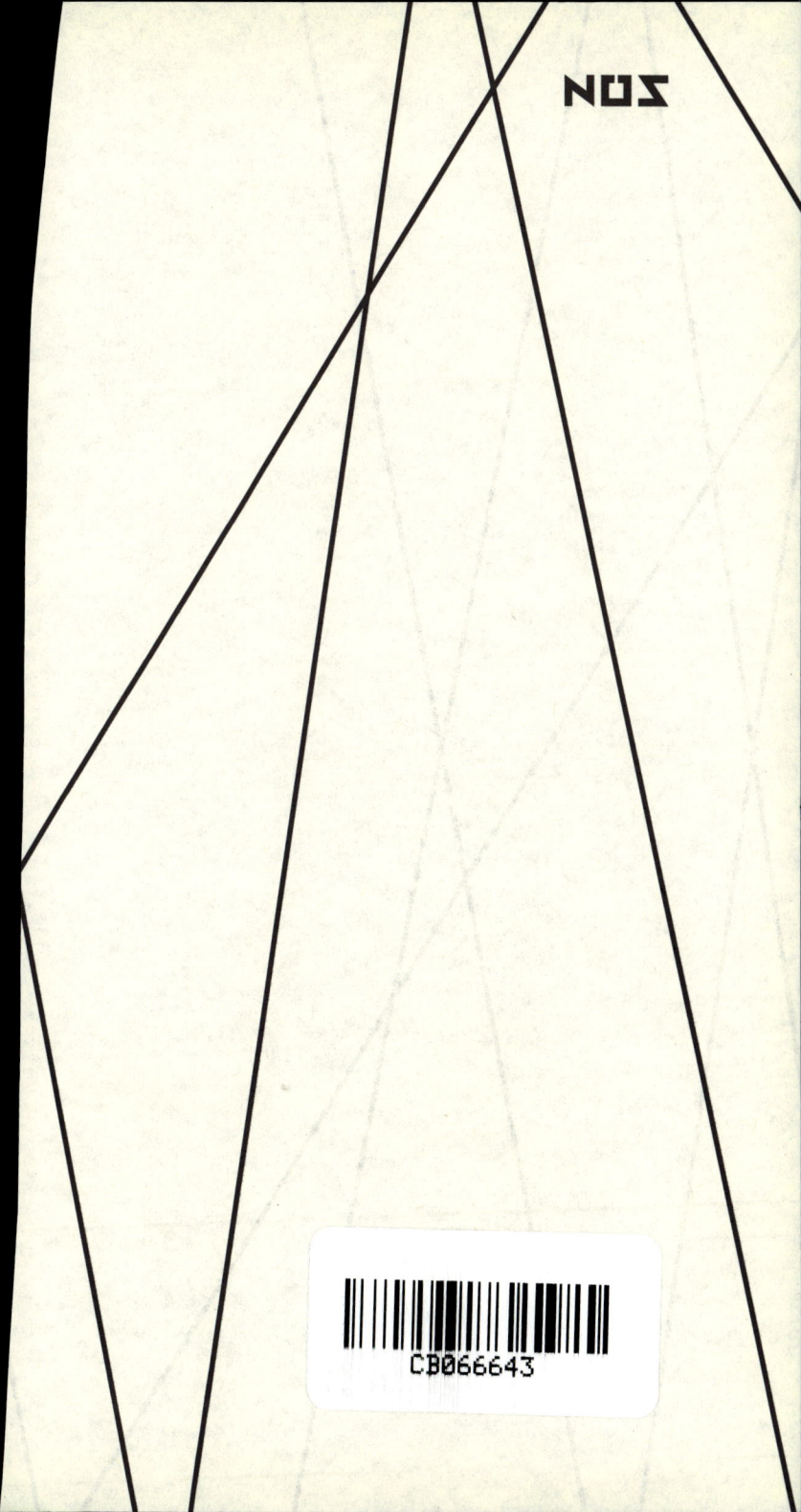

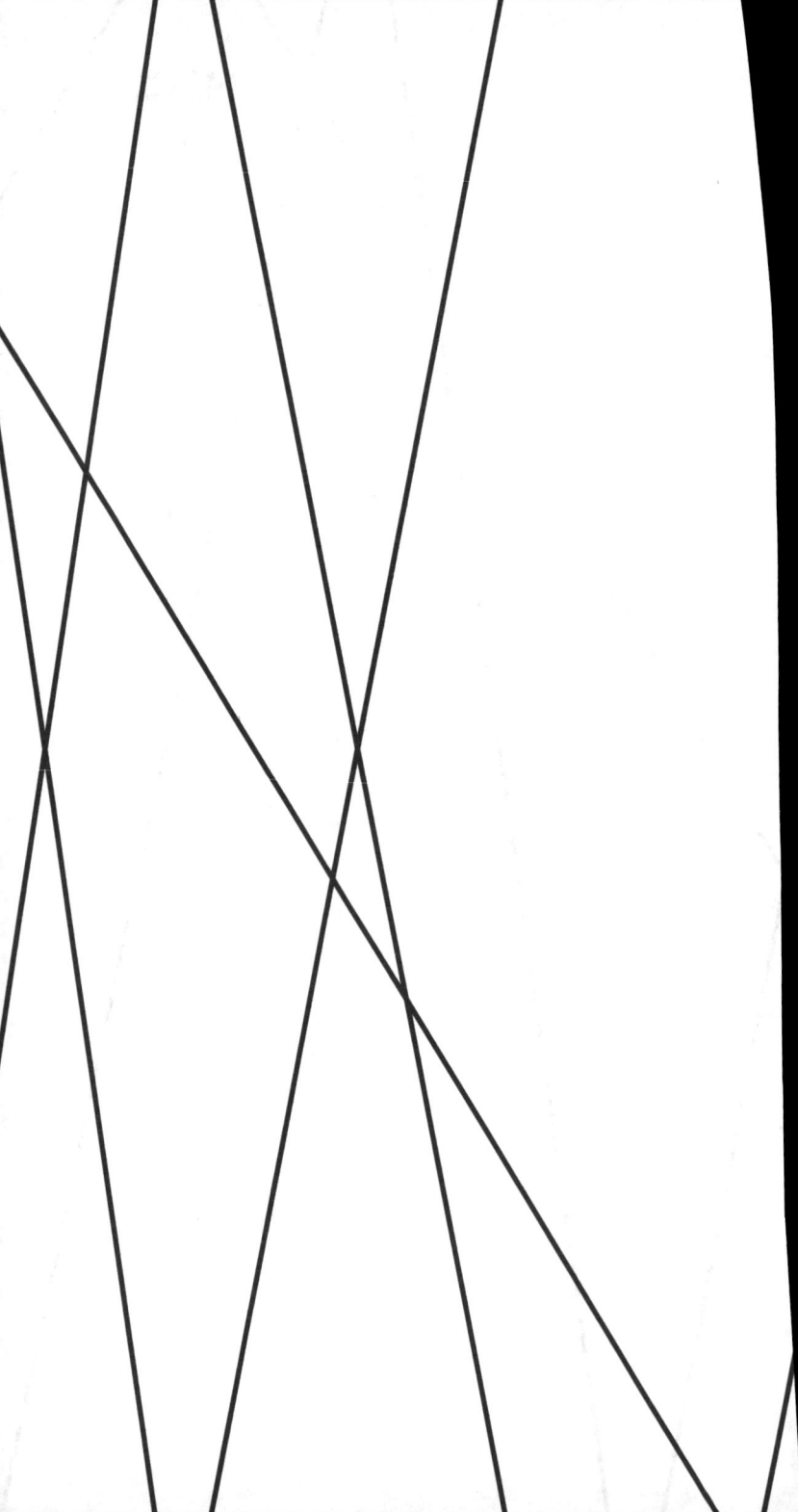

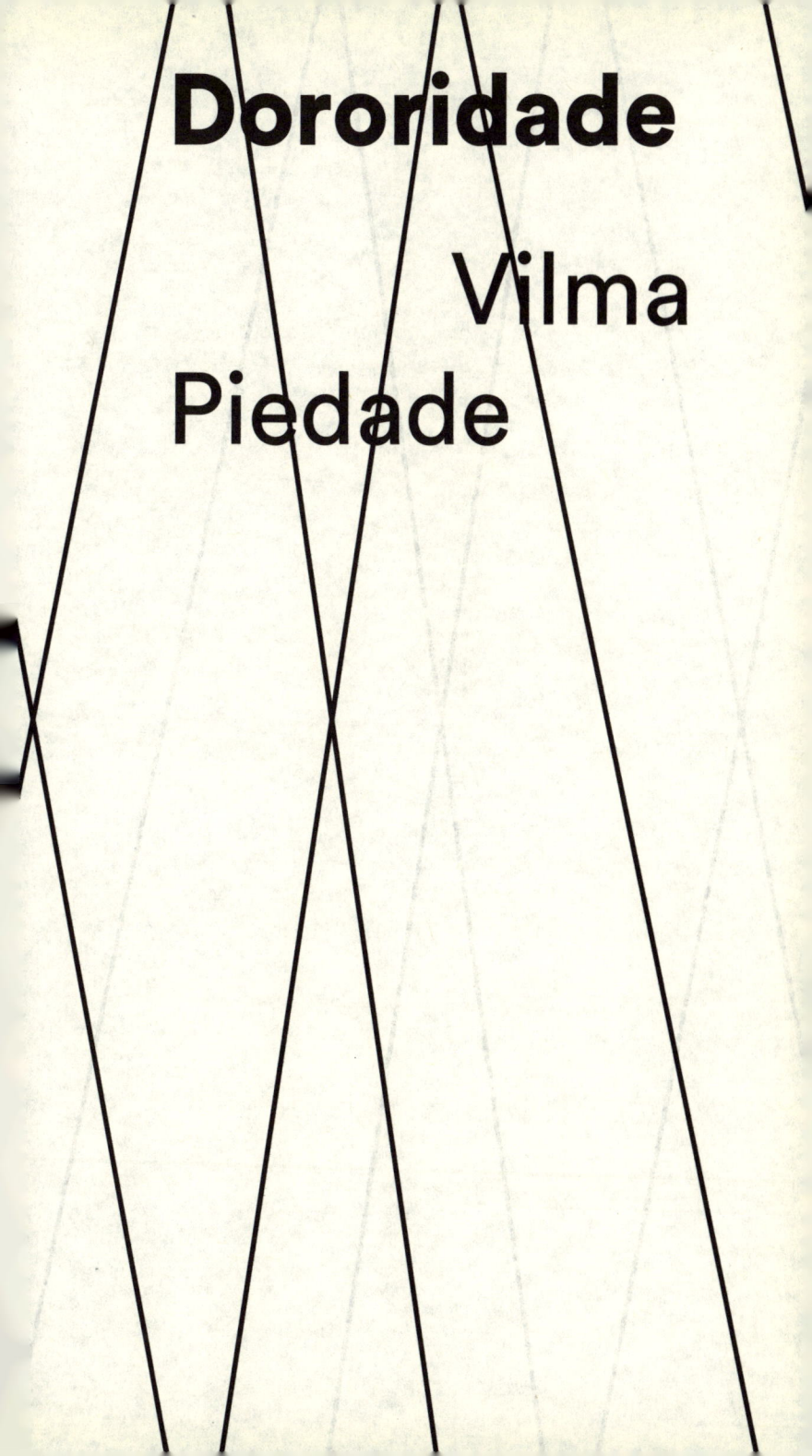

Dororidade

Vilma Piedade

Aos meus Filhos. Primeira e Definitiva
Criação. Amor Infinito. Obrigada
pela oportunidade de ser a Mãe de vocês!

Prefácio
Marcia Tiburi

Eu vi a palavra Dororidade nascer.

Era uma tarde de sábado, e nos reuníamos no Instituto Cultural Rose Marie Muraro para discutir os rumos no movimento de protagonização de mulheres para a política (#partidA). No intervalo para um café, Vilma Piedade, com o seu jeito crítico e espontâneo, direto e sempre desafiador, depois de ouvir o que tantas tinham a dizer, chega diante de mim e fala:

Não é só Sororidade, é Dororidade.

Ela constata. Eu tenho a sorte de presenciar o parto.

"É maravilhoso o que você diz", respondo diante da iluminação que ela vislumbra e que me dá a saber, como se partilhasse um direito.

Como filósofa, fico encantada diante do advento. Sigo, como quem pede uma luz, dizendo que todo o movimento feminista precisa que ela desenvolva esse conceito. Vilma não poderia deixar de lado o livro que leva essa reflexão adiante apesar das tantas urgências graves que surgem a cada dia na vida de uma ativista como ela.

Conhecemos Vilma Piedade por sua dedicação ao movimento antirracista e, por seu feminismo ultracrítico e, ao mesmo tempo, dialógico. Em tempos do racismo religioso, suas colocações – sempre espelho de sua postura – tornam-se ainda mais importantes. Surge, com esse livro, portanto, uma prosa reflexiva, o melhor do pensamento selvagem que todo intelectual busca. Vilma vem nos ensinar como se faz para ser uma filósofa de verdade.

Desde então, *Dororidade*, conceito riquíssimo nascido da intuição de Vilma Piedade e desenvolvido com seu estilo autêntico, tem sido fundamental para aprofundar o diálogo feminista. Fala-se dele por todo lado desde que apareceu em generosos espaços da internet.

Que *Dororidade* possa definir um lugar do afeto e da razão, da emoção e da reflexão e apontar para o que podemos dar umas às outras (incluo aqui toda a humanidade em uma nova e mais completa ideia de comunidade) no cenário da miséria espiritual e material que paira sobre todos nós na atualidade, é o que esperamos.

Que a Dororidade continue abrindo nossas perspectivas, que nos faça perceber melhor umas às outras. Sejamos gratas à Vilma Piedade por estar atenta por todas nós.

ADVERTÊNCIA

Este livro segue a grafia do Pretoguês.
Cumé qui é?

Dororidade

Drummond cantou nos seus versos que

> Lutar com as palavras é a luta mais vã [...] Palavra, palavra (digo exasperado), se me desafias, aceito o combate.

E é justamente aqui que começo a me destravar e a destravar o texto-conceito. Parei de lutar. Desafio aceito, espero ganhar o combate.

Parei de correr atrás das palavras, reflexões. Elas, às vezes, dão a falsa impressão de terem desistido da luta e me deixado a ver navios – ou, no contexto atual, o melhor seria dizer malas?

Estou dividindo com vocês estes momentos de tensão e angústia que me acompanham desde que me propus a criar um Conceito – um novo Conceito Feminista. Em criando o Conceito, me dei conta de que também criei um vocábulo novo, uma nova palavra... Dororidade.

O Google não traz nenhum registro e sugere a palavra... Sororidade. Aponta erro de grafia. Então *tá* feito.

Mas a história não para por aí. Pesquisando, aqui, ali, acolá, descobri que a Filosofia cria conceitos. Eu sou uma Mulher Preta, Feminista, de Axé e da área de Letras... Estudei Filosofia, contudo não sou filósofa. Ou sou? Vou botar na conta de *Aquarius*, pois sou Aquariana...

E ainda tem mais: os conceitos, na sua totalidade, foram criados por Filósofos, Teóricos, Homens. Exatamente. São poucas as mulheres que criaram, criam conceitos no campo da Filosofia. Por isso, Lélia Gonzalez, intelectual e antropóloga do século XX, fundadora do Coletivo de Mulheres Negras NIZINGA, referência no Feminismo Negro e na Luta Política das Mulheres Pretas, diria usando o seu Pretoguês... *Cumé qui é?*. Lélia criou o

Pretoguês e o conceito de Amefricanidade. Mas aí, já é outro texto. Outro devir.

Lélia diz:

> Aquilo que chamo de "Pretoguês" nada mais é do que marca de africanização do português falado no Brasil.

Seguindo ela, já que a criação de um conceito envolve a relação linguística entre significado e significante, e não me distancio da teoria de Roland Barthes quando ele afirmou que "a língua é a arena da luta de classes...", retomo a própria Lélia para compreender como se dá essa relação linguística de contribuição × preconceito linguístico/discriminação:

> É engraçado como eles [sociedade branca elitista] gozam a gente quando a gente diz que é Framengo. Chamam a gente de ignorante dizendo que a gente fala errado. E de repente ignoram que a presença desse *r* no lugar do *l* nada mais é do que a marca linguística de um idioma africano, no qual o *l* inexiste. Afinal, quem é o ignorante? Ao mesmo tempo, acham o maior barato a fala dita brasileira, que corta os erres dos infinitivos verbais, que condensa você em cê, o está em tá, e por aí afora. Não sacam que tão falando Pretoguês.

O Feminismo e Nós...
Mulheres, Jovens Pretas...

Um dos problemas do pensamento feminista foi perceber o movimento como um projeto único, moldado para a mulher branca, ocidental, de classe média, instruída. Uma visão mais relativista de feminismo é incorporada em 1980, em que o movimento começa a pensar em questões relativas aos diferentes tipos de mulher, considerando aspectos culturais, sociais e, principalmente, étnicos.

Na atualidade, no artigo "Hierarquia de opressão: sobre o lugar da luta", a Filósofa, Feminista e Escritora Marcia Tiburi, ao abordar Feminismo e Antirracismo, lança uma questão:

> O que se diz da luta em geral, vale também para pensar a questão do feminismo hoje, bem como da luta racial. Não basta usar o feminismo ou o antirracismo como expressão capaz de "protagonizar" aquele que a enuncia. É preciso entrar na luta e realizar a ético-política do feminismo e do antirracismo – e isso não é nada fácil...

É aí que Nós entramos... Dororidade também...
Mulheres Negras no Palco da História... Feminismo Negro... porque o Feminismo pretende que as Mulheres ocupem os espaços de poder instituídos. Ainda somos poucas na esfera política. Agora, imaginem *pra* Nós, Mulheres Pretas? Desafio *pro* Feminismo-Mulheres Pretas no Poder!

Sueli Carneiro, em "Mulheres negras e poder: um ensaio sobre a ausência", fala dessa ausência Preta:

> ...A relação entre mulher negra e poder é um tema praticamente inexistente. Falar dele é, então, como falar do ausente...

Como nos alerta Angela Davis em *Mulheres, raça e classe*:

> Raça, Classe e Gênero entrelaçados, juntos, criam diferentes tipos de opressão. Classe informa a Raça; Raça informa a Classe.

"... *Mulheres, raça e classe* é a tradução do conceito de interseccionalidade. Angela Davis traz um potencial revolucionário, e ler sua obra é tarefa essencial para quem pensa um novo modelo de sociedade...", trecho do prefácio do livro de Angela Davis escrito por Djamila Ribeiro.

Será que há uma hierarquia de Gênero no tocante a Nós, Mulheres, Jovens, Meninas Pretas, já que somos mais vulneráveis à violência sexual, ao Feminicídio?

Se o Feminicídio de forma geral avança, as Pretas são as que mais morrem. Isto é fato.

O último Atlas da Violência, divulgado em 2017, destacou que: "Os dados guardam diferenças significativas se compararmos as mortes de mulheres negras e não negras".

Em dez anos (de 2005 a 2015), o índice de homicídios de não pretas caiu 7,4%. Já entre as Pretas, cresceu 22%. Outro número da mesma pesquisa: 65,3% das mulheres assassinadas no Brasil, em 2015, eram Pretas. Diante das trágicas estatísticas, dessa Dororidade histórica, precisamos praticar cada vez mais a Sororidade. Fortalece a todas nós. Mulheres. Pretas. Brancas. Dororidade trata no seu texto, subtexto, das violências que nos atingem, a cada minuto.

Sabemos que o Machismo Racista Classista inventou que Nós – Mulheres Pretas – somos mais gostosas, quentes, sensuais e lascivas. Aí, do abuso sexual e estupros, naturalizados da senzala até hoje, foi um pulo. Pulo de 129 anos, e passamos a ser estatística. Os dados oficiais sobre violência sexual falam disso. Estamos na frente, morremos mais nas garras desse Machismo do que as Mulheres Brancas... é simples e banalizado no cotidiano – Mulher Preta é Pobre. Mulher Pobre é Preta. Pelo menos na sua grande maioria.

Foi-se a Abolição Inconclusa, e a Carne Preta ainda continua sendo a mais barata do mercado...

Enfim, vou parar por aqui, porque o conceito agora quer sair, ser lido, compreendido, aceito, criticado. Dororidade...

Segundo José Oliveira e Náfren Lima,

> A criação de conceitos não é uma questão nova, sempre foi tarefa dos filósofos inventarem conceitos. Embora a data não seja cronologicamente exata, desde (610, 597 ou 548 a.C.), período que marca o nascimento de um dos primeiros filósofos, até o mais novo filósofo de nossos tempos, a filosofia trabalha e continua nesta insaciável, incansável busca de criar o novo. Uma ausência de clareza conceitual perpassa a sociedade contemporânea de modo a embaralhar e confundir sempre mais o sentido e o significado das coisas, dos seres, dos objetos, do mundo, da realidade da própria existência do indivíduo e da coletividade. [...] Se um conceito deve ter um começo, um nascimento, uma criação, uma novidade, então ele traz consigo a necessidade de concebê-lo como pertencendo ao domínio de uma história, de um devir [...]
>
> A filosofia indica o estado de uma pessoa que estima o conhecimento, que busca conhecer, investiga, é amigo do saber, na verdade amigo dos conceitos.

Já Deleuze e Guattari, em *O que é a filosofia?*, reiteram que:

> Num conceito, há, no mais das vezes, pedaços ou componentes vindos de outros conceitos, que respondiam a outros problemas e supunham outros planos.

Diante dessa aparente facilidade, sou tentada a pensar que todo conceito carrega um mundo de significados e significantes... não é estático... pressupõe... Reflexão... Crítica... Discursos... Significar... Ressignificar... Multiplicidade... Transformação... Isso, tudo junto, parece funcionar como norteadores da questão conceitual. Logo, o conceito não é algo acabado, pronto, imutável e descolado do seu tempo. É circular.

Um conceito nunca está pronto, definitivo e imutável. O movimento é a sua marca. Movimento histórico, ideológico. Movimento. Multiplicidade. Crítica. Conceitos são circulares e, até para eles, como se diz, a fila anda – surgem significados inesperados, aparecem outros discursos, despontam novas reflexões.

Deleuze e Guattari nos dizem que:

"Não há conceito simples. Todo conceito tem componentes, e se define por eles. Tem portanto uma cifra. É uma multiplicidade, embora nem toda multiplicidade seja conceitual". Tudo isso para afirmar que não existem conceitos sozinhos, pois todo conceito tem sempre um componente, e este sempre nos remete a outro conceito. Circularidade.

Mas, qual a finalidade, no nosso caso, de ter um novo conceito – Dororidade? Será que, como Mulheres Feministas, Sororidade não nos basta? A pergunta está no ar.

Dororidade. Sororidade. A Sororidade ancora o Feminismo e o Feminismo promove a Sororidade. Parece uma equação simples, mas nem sempre é assim que funciona. Apoio, união e irmandade entre as mulheres impulsionam o Movimento Feminista. Mas, podem surgir questões como: O conceito de Sororidade já dá conta de Nós, Jovens e Mulheres Pretas... ou não?

O caminho que percorro nessa construção conceitual me leva a entender que um conceito parece precisar do outro. Um contém o outro. Assim como o barulho contém o silêncio. Dororidade, pois, contém as sombras, o vazio, a ausência, a fala silenciada, a dor causada pelo Racismo. E essa Dor é Preta.

Hoje, discute-se muito a "pertença" que confere legitimidade, identidade, ações, atitudes, fala:

"Quem busca a sua identidade fora de si está condenado a viver na ausência de si mesmo, movido pelas opiniões e desejos dos demais, 'não estará nem aí'", dizem Maturana e Rezepka.

O lugar de fala é um lugar de pertencimento. Falo desse lugar como Mulher Preta. Ativista. Feminista. Mas, também falo do lugar das minhas Ancestrais. Lugar marcado pela ausência histórica. Lugar-ausência designado pelo Racismo. É desse lugar que digo Não. Sororidade une, irmana, mas Não basta para Nós – Mulheres Pretas, Jovens Pretas. Eu falo de um lugar marcado pela ausência. Pelo silêncio histórico. Pelo não lugar. Pela invisibilidade do Não Ser, sendo.

Dororidade carrega no seu significado a dor provocada em todas as Mulheres pelo Machismo. Contudo, quando se trata de Nós, Mulheres Pretas, tem um agravo nessa dor. A Pele Preta nos marca na escala inferior da sociedade. E a Carne Preta ainda continua sendo a mais barata do mercado. É só verificar os dados...

A Sororidade parece não dar conta da nossa pretitude. Foi a partir dessa percepção que pensei em outra direção, num novo conceito que, apesar de muito novo, já carrega um fardo antigo, velho conhecido das mulheres: a Dor – mas, neste caso, especificamente, a Dor que só pode ser sentida a depender da cor da pele. Quanto mais preta, mais racismo, mais dor.

Sororidade, etmologicamente falando, vem de sóror – irmãs. Dororidade, vem de Dor, palavra-sofrimento. Seja Físico. Moral. Emocional. Mas qual o significado da dor? Aqui *tá* no conceito.

A palavra Dor, tem origem no latim, dolor. Sofrimento moral, mágoa, pesar, aflição, dó, compaixão. Não há dor maior ou menor. Dor não se mede. É de quem sente. Há dor. Dor dói e ponto.

A psicanálise diz que não é preciso entrar em contato com os fatores externos que desencadearam a dor, e sim com o nosso interno, dentro da psique. Ainda, segundo algumas correntes, a dor é a expressão simbólica do inconsciente.

Aí complica. No nosso caso, a história é diferente ou, parafraseando Lélia Gonzalez, *Cumé qui é?*. Porque são os fatores externos do Racismo que nos dilaceram.

Tem uma dor constante que marca as Mulheres Pretas no cotidiano – a dor diante de uma perda. E, nesse jogo cruel do Racismo, quem perde mais? Quem está perdendo seus filhos e filhas? Todos Pretos. Todas Pretas. A resposta *tá* estampada nos dados oficiais sobre o aumento do Genocídio da Juventude Preta. Dororidade.

Mas, agora, tá na hora de pensar em que direção um conceito se manifesta, se move, se insere, se diz. Se diz com, por e para.

Um conceito caminha, percorre a História, acumula e interage com outros conceitos. Afinal estamos num mundo onde tudo é conceitual. E falar em conceito é buscar trazer à tona uma questão. A questão é a própria questão. E a nossa aqui é a Dor...

A Dor cunhada pela escravidão. A escravidão deixou marcas profundas, marcas que ainda vivenciamos. E, séculos depois da "Abolição", sentimos

> ...a Dor e a nem sempre delícia de se saber ou de não se saber quem é... quem somos numa sociedade mascarada pelo mito da democracia racial...

A escravidão justificou as chicotadas do feitor, assim como o uso dos grilhões e o porão fétido do Navio Negreiro. E, mesmo assim, Nós, Pretas, Pretos, somos a maioria da População Brasileira. Contudo, sabemos que a desigualdade no Brasil é referendada na questão racial. Desigualdade que tem, no componente racial, a sua marca.

É o que mostram os números da PNAD (Pesquisa Nacional por Amostra de Domicílios) divulgados pelo IBGE (Instituto Brasileiro de Geografia e Estatística). Em 2015, os negros e pardos representavam 54% da população brasileira, mas sua participação no grupo dos 10% mais pobres era muito maior: 75%.

A escravidão violentou nossos direitos, nossa língua, cultura, religião, nossa vida, enfim... nossos valores civilizatórios. E, como não poderia ser diferente, veio junto com a colonização. Então inventaram que Nós, Pretas e Pretos, somos mais "resistentes" à dor.

E, Resistir, verbo na sua forma infinitiva, é o que fazemos, todo dia, toda hora, frente ao Racismo – filho dileto do processo escravocrata e da colonização.

Agora, voltando ao conceito, ou parte dele, surge outra questão – Será que a Dor une todas as Mulheres? Lembram-se de quando Eva instigou Adão a comer a maçã, lá no Paraíso? A culpa de Eva, de ter feito a Humanidade cair em "pecado" e perder o "paraíso", nos acompanha há milênios.

É nesse ponto que a Dororidade se instaura e percorre a trajetória vivenciada por Nós, População Preta, e, aqui, em especial, Nós – Mulheres – Mulheres Pretas. Brancas, de Axé, Indígenas, Ciganas, Quilombolas, Lésbicas, Trans, Caiçaras, Ribeirinhas, Faveladas ou não, somos Mulheres.

Digo Pretas e não Negras para não continuar alimentando a base estrutural da Opressão provocada pelo Racismo.

Pretas e não Negras? O pensamento de Achille Mbembe me fortalece, me contempla nessa perspectiva:

> Em Crítica da razão negra (Antígona, 2014), [...] o autor elabora sobre o conceito de "Negro", sobre a evolução do pensamento racial europeu que o origina e sobre as máscaras usadas para o cobrir com um manto de invisibilidade. [...]
> O racismo ter-se-ia assim desenvolvido com modelo legitimador da opressão e da exploração, ao serviço do capitalismo, o qual necessitava de pressupostos raciais para subsistir: "'Negro' é portanto a alcunha, a túnica com a qual outros me disfarçaram e na qual me tentam encerrar.".

Eu, Vilma Piedade, acrescento a ideia de um Simulacro-Marca.

Eu sou. Nós Somos ou precisamos ainda Ser. E quando Somos, nem sempre encontramos a delícia de se saber Quem é... O Racismo declara, de forma ora sutil, ora agressiva, violenta... Não... vocês não São...

Nosso Turbante importa...

Mas arrancaram o Turbante de Dandara na sua festa de Formatura... em abril de 2017...

O Turbante integra a nossa estética. Estética negada pelo Racismo. Pela exclusão. É disso que Dororidade também fala...

Os exemplos são inúmeros, e não foi diferente com Dandara, que ao participar da sua festa de formatura, teve o turbante arrancado.

Lélia Gonzalez, se viva fosse, falaria novamente... *Cumé qui é?*, abril de 2017? Mas a abolição não foi em 1888? É a Abolição Inconclusa, 129 anos depois da Lei Áurea.

"[...] Quando fui catar, incrédula do que estava acontecendo, jogaram cerveja em mim. Muita cerveja. Fiquei cega, saí desesperada para achar meus amigos. Sabia que se ficasse ali poderia até ter mais agressões físicas", postou Dandara no Facebook. A mídia deu destaque, foi noticiado nos jornais; mas, e daí? O país não é racista, apesar de ter a lei conhecida como Lei Caó – nº 7.716, de 5 de janeiro de 1989 – em homenagem ao seu autor, Carlos Alberto de Oliveira, que tipifica o Racismo como crime.

A Lei já completou 28 anos e define como crime o ato de "praticar, induzir ou incitar [...] a discriminação ou preconceito de raça, por religião, etnia ou procedência nacional". Também regulamentou o trecho da Constituição Federal que torna inafiançável e imprescritível o crime de racismo, após dizer que todos são iguais sem discriminação de qualquer natureza.

Porém, até agora, não se tem registro de prisão por Racismo no Brasil. O Racismo é crime, mas tudo se transforma em Injúria Racial por aqui.

Dandara sofreu essa opressão causada por um conceito que se estratificou. Cristalizou. Raça-construção ideológica fabricada pelo modelo econômico capitalista Branco. Modelo que alimenta o lugar de acúmulo, dominação e privilégios. Estimulador e retroalimentador do Racismo – do Racismo à Brasileira, como diz Carlos Moore.

O Brasil não é um País racista, afirma a maioria. Somos todas todos iguais. Utopia.

O Racismo é imobilizador. Aliás, essa é a função dele – continuar existindo para manter a Branquitude, como projeto ideológico, cada vez mais consistente, dominador, excludente. Nesse ponto, recorro ao pensamento de Angela Davis,

> ...precisamos pensar o quanto o Racismo impede a mobilidade social da População Negra...

Conceição Evaristo, escritora Preta, denuncia essa imobilidade. Imobilidade que acompanhou Carolina de Jesus, Preta, Favelada, Escritora, autora de *Quarto de despejo*, até depois da sua morte.

"Nossa fala estilhaça a máscara do silêncio", diz Conceição Evaristo, "[...] as feministas brancas usam uma máxima quando elas falam que escrever é um ato político. Para nós mulheres negras, escrever e publicar é um ato político.". Aos 70 anos, a autora do livro de contos *Histórias de leves enganos e parecenças* recebeu o Prêmio Buriti 2016. Em 2015, já havia ganhado o Jabuti com *Olhos d'água*.

Racismo... Opressão... Branquitude... Privilégios...

Percorro o caminho desta discussão, sempre, trabalhando com o que nos é dado, posto, desigual: Racismo... Opressão... Branquitude... Privilégios...

A Branquitude *tá* em pauta. Afinal, foram os Brancos, enquanto sistema, que criaram o Racismo. Carlos Moore enuncia que o Racismo é um problema para os Brancos resolverem.

Foi Du Bois (primeiro afro-americano a receber um título de doutor em Havard) que cunhou a palavra-conceito Branquitude, em 1935, no livro *Black Reconstrution in America*.

A Branquitude traz Schuma Schumaher, Pedagoga, Militante e reconhecida Feminista Brasileira *pra* esse *Xirê* conceitual. Sim, nosso Princípio é circular como as Rodas de *Xirê* no Candomblé. Uma sobe e puxa a outra. Nosso princípio filosófico é outro. *Ubuntu*. Eu contenho o outro. Somos Um. Somos Uma. Pegou *pra* uma... pegou geral. Sororidade.

Branquitude, para além do incômodo!

O conceito de Dororidade foi apresentado no Curso de Formação Escola com a #partidA: Diálogos Feministas, em 20 de maio de 2017, cujo tema foi "Feminismo, Racismo, Branquitude: Opressão e Privilégios", no Rio de Janeiro, por mim e por Schuma Schumaher.

Com a Branquitude em cena, Schuma, em seu texto "Branquitude, para além do incômodo", relata:

> Venho do feminismo da década de 1970 [...]
>
> Venho desse feminismo... Venho de um feminismo que não se apercebia excludente, que incorporava muito timidamente (quer no discurso, quer na prática) o enfrentamento ao racismo. A tensão e os conflitos não foram poucos. Mas valeu a pena. Foram as mulheres negras, as feministas negras que enegreceram o pensamento e a ação do que chamamos hoje de movimento feminista brasileiro...
>
> E eu, uma branquela na cor e no nome, fui ficando mais atenta, mais sensível, despertando para uma consciência crítica e incomodada com a tragédia do racismo. Mas incômodo não era o suficiente para me livrar do privilégio de ser branca. [...] Como ser solidária com a dor do outro/a? Como determinar a dor que não sen-

timos? Como descrever, intensificar, medir, aquilo que a/o outra sente?

Dororidade *tá* no *Xirê* Filosófico... Branquitude continua na Roda Conceitual ainda com Schuma Schumaher...

Saí viva dessa experiência, mas não inteira... E até hoje estou buscando um lugar menos incômodo para lidar com a branquitude.

É isso, mas não simples assim, *pro* feminismo, *pra* sociedade brasileira! *Pra* ser Dialógico Interseccional, o Feminismo precisa mudar ainda mais a cor, ficar mais preto. São muitos tons de Pretas. Entender por que razão determinados grupos estão mais expostos a trabalhos mais pesados, doenças, moram em bairros periféricos, acessam menos serviços, recebem salários menores, possuem baixa escolaridade ou, às vezes, nenhuma.

A educação para brancos e negros é desigual no Brasil, segundo dados educacionais organizados pelo movimento Todos pela Educação. Os brancos concentram os melhores indicadores e é a população que mais vai à escola, conclui o estudo. [...]
As desigualdades sociais são reforçadas na educação. A taxa de analfabetismo é 11,2% entre os pretos; 11,1% entre os pardos; e, 5% entre os brancos.

Pele Negra, Máscaras Brancas...

Como psiquiatra, filósofo, cientista social e revolucionário, Frantz Fanon, o autor de *Pele negra, máscaras brancas* – um dos pensadores mais instigantes do século XX, discute os impactos do Racismo e do Colonialismo na psique (de colonizadores e colonizados).

Pele negra, máscaras brancas... Dororidade tem essas questões impressas na sua multiplicidade. O Haiti é aqui... canta Caetano. Afinal, a carne negra ainda é a mais barata do mercado!

Será que pode haver Diálogo Feminista Interseccional e uma Democracia Feminista num País que vive ancorado no Mito da Democracia Racial. Na Branquitude. No Racismo? Ou pode? Acredito que sim.

É possível construir o Feminismo Interseccional Inclusivo. Mas só se tendo todos os tons de Pretas.

O poder feminino na tradição iorubá

Buscando a oralidade na tradição Africana, encontramos variadas práticas de pensamento que se ancoram nas tradições, mitos – denominados itan – que os povos africanos fundaram e nos quais se basearam para construir sua cultura e suas histórias.

Para escrever e pesquisar sobre o Poder Feminino na Tradição Iorubá, tentei me distanciar ao máximo (exercício difícil do pensamento colonizador do Ocidente), para refletirmos acerca das tradições africanas e, particularmente, sobre a trajetória mítica da iabá – Iansã ou Oiá – que alicerça essa escrita. Contudo, também visitei e revisitei pensamentos, teorias e conceitos sobre a visão do ser mulher na sociedade ocidental, que resultam de filósofos renomados como, por exemplo, Platão e Rosseau.

Quando viemos para o Brasil, há mais de 500 anos, nosso Povo Preto, Nós, fomos retirados à força de nossos Territórios e escravizados aqui. Falo no masculino porque vou me reportar ao meu lugar – o lugar da Tradição. E, como tal, nos identificamos como Povos Tradicionais de Matriz Africana. Porque falo e escrevo aqui na perspectiva do Terreiro, como Mulher de Axé. Mulher Negra, Pensadora.

Este texto se estrutura com a noção de Tradição resultante de um conjunto diverso de experiências culturais africanas e que foi "atravessado pela experiência da colonização, de modo que há também culturas coloniais em solo africano. E não é com essas experiências culturais coloniais/modernas que estabeleceremos nosso diálogo, mas com as experiências que resistem, se modificam, se rearticulam, *apesar* da colonização", disse Mudimbe.

Tradicional, portanto, não é apenas o antigo, mas aquilo que se manteve em movimento, conservou-se em mudanças, diante das forças coloniais que construíram a África, tal como, de modo geral, a conhecemos hoje.

Quando me refiro à Tradição Iorubá, faz-se necessário escurecer o texto e citar a História:

> Há uma diversidade de Tradições Africanas no Brasil que só se manifestam e são ritualizadas/reatualizadas nos espaços do Terreiro. Porém, tem um princípio que une todas as Tradições – o princípio do acolhimento. Tem um outro princípio que nos une – a palavra. A palavra que realiza. A palavra que vem do Axé, a palavra que tem o poder da realização.

Sobre a História

Com o tráfico negreiro, foram trazidos diversos povos de diversas regiões do continente africano para o nosso país. Os historiadores Vianna Filho e Pierre Verger afirmam que a vinda forçada de populações africanas se deu em quatro grandes ciclos: o primeiro, trazendo pessoas da região da Costa da Guiné, durante a segunda metade do século XVII; o segundo, trazendo pessoas da Bacia do Congo, sobretudo dos atuais Congo e Angola, no século XVII; o terceiro, trazendo pessoas da Costa da Mina, durante quase todo o século XVIII; o último, trazendo as pessoas da Baía do Benin, entre 1770 e 1850. As três tradições que constituirão os Povos Tradicionais de Matrizes Africanas vieram nos três últimos ciclos: os povos de língua banta, vindos no segundo ciclo; os povos de língua ewé-fon, no segundo ciclo; e os povos de língua iorubá, no último ciclo. Entendendo que cada tradição advinda da África trouxe *pra* cá sua história, cultura, religião, língua, dialeto, mitos, valores, escolhi fazer o recorte na Tradição Iorubá – do último ciclo.

Nós – As mulheres e as representações sociais

As representações sociais das mulheres na tradição ocidental, desde os primórdios, são de que Nós fomos feitas da costela de Adão, o que nos transformou em apêndice, mulheres função – propriedade. Propriedade do macho que mata as mulheres no cotidiano.

Segundo os textos bíblicos, fizemos Adão comer aquela infeliz maçã e, com isso, transformamos a humanidade em "pecadora", já que a humanidade perdeu o estado de graça que tinha no paraíso e, a partir daí, fomos e somos penalizadas até hoje.

Quando, há milênios, foi escrito "mulher, parirás com dor", essa máxima da tradição judaico-cristã talvez antecipasse o sofrer das mulheres e jovens negras ao utilizarem os serviços do Sistema Único de Saúde (SUS) para o parto normal. Pois, segundo dados da Organização Mundial da Saúde (OMS), mulheres e jovens negras recebem menos anestésico local ao parir. Junta-se a isso o Racismo e o Racismo institucional que transformaram a população negra em resistente à dor, já que esse pensamento serviu para justificar a escravidão, e estamos até agora no combate ao Racismo no Brasil.

Na Mitologia Grega, Pandora, a primeira mulher criada por Zeus, era possuidora de uma caixa com todos os males do mundo. Já Platão afirma que a mulher era a reencarnação de um homem que cometeu muitos erros no passado e então voltou mulher. No século XIX, Rousseau disse que temos uma condição esquizofrênica: estamos entre a santa e a pecadora, porque, segundo o autor de *O contrato social*, a mulher ideal é a que tem o corpo interdito ao prazer – corpo santo. Esse pensamento ainda é moderno, perpassa e vitimiza mulheres, jovens e meninas em várias culturas. Inclusive na nossa; pois, diante do cenário político que vivemos, nosso corpo não nos pertence. Até hoje é grande a luta das mulheres pela legalização do aborto no Brasil, por exemplo. Esse corpo feminino interdito, da burca, da procriação, não pode ser exposto – esse corpo pertence a Deus! O corpo da luta política, o do prazer, do direito ao nosso corpo, é demoníaco, do mal. O corpo feminino tem que estar coberto porque ele é tentador e, no caso das mulheres negras, é um corpo-objeto sexual, pronto para ser consumido. Afinal, a carne negra ainda continua sendo a mais barata do mercado!

Portanto, as representações sociais da sexualidade feminina que circulam em nossa sociedade estão ancoradas em discursos da tradição judaico-cristã – na Tríade Divina – Pai, Filho e Espírito Santo – e, nesse poder estruturante, não existe a figura da mulher. O Poder é do masculino!

O Poder Feminino na Tradição Iorubá?

Na nossa Tradição, como diz Mãe Beata de Iemanjá, o corpo carrega axé, carrega energia vital, energia que colocamos em movimento por meio da dança ritual. Nosso corpo é liberto de correntes, da culpa da tradição Judaico-Cristã. Não temos a visão dicotômica do bem e do mal. Não temos e nem criamos o demônio, o diabo-anjo caído – esse conceito não nos pertence e nem nos representa. Logo, não vivemos com a culpa do pecado, já que não há pecado *pra* nós. Nosso corpo tem que estar saudável para saudarmos os Orixás! Nosso pensamento é circular, eu me reconheço no outro, eu sou porque o outro existe, eu sou porque você me reconhece – isso é *ubuntu* – nosso princípio filosófico.

Apesar de pertencer à Tradição Iorubá, todas as Tradições se reconhecem, não há supremacia de uma sobre a outra. Há mitos, ícones, linguagens corpóreas, rítmicas e musicais que nos identificam e nos aproximam. Buscando Pai Paulo de Oliveira – Ifatide Ifamoroti, a Tradição está intimamente ligada ao conceito de *Wá-che, che* ou *Axexe*, rito fúnebre, origem de passagem, contido no cântico usado nos nossos ritos de morte, significando a própria origem. É quando partimos do Aye – Terra – e vamos para o Orun – espaço transcendental, sagrado. É no Orun que reencontramos nossos, nossas Ancestrais, já que a morte, nos transforma em Ancestrais. É circular...

Oiá-Iansã e o Poder Feminino

Vou falar do Poder Feminino me referendando em Minha Mãe-Iansã! Iansã vai lá e cá, transita entre o Orun e o Aye, é o princípio e o fim, ela circula. Minha Mãe é minha origem, minha Ancestralidade.

Na nossa Tradição, as mulheres são portadoras de muito axé. O nosso corpo, morada dos Orixás, é um corpo que dança. É um corpo liberto. A dança de Iansã representa bem o que estou tentando dizer – "Xô, xô, xô, ecuru", ou seja, seus movimentos rítmicos espantam os eguns. Ela dança, se mexe, é a própria transformação, o movimento. Isso é circular para todo Axé, todo o Terreiro. Por meio das danças rituais, as mulheres incorporam a força cósmica criando novas possibilidades de transformação e mudança. É o lugar do Saber Ancestral. Por meio da dança, o corpo é um território livre, mesmo tendo sido marcado a ferro e fogo pela escravidão, e ainda marcado pela violência do Racismo!

Sabemos que o Mito é o discurso em que se fundamentam todas as justificativas da ordem e da contraordem do simbólico. E, é por meio da dança, das festas do Axé, que reatualizamos os mitos.

Na nossa Tradição, sem o Poder Feminino, sem o princípio da criação, nada acontece, nada nasce. Por isso que o Matriarcado é fundante no candomblé no Brasil. Sem a mulher, sem esse princípio feminino da criação, não existe vida, por isso a mulher deve ser reverenciada!

Não vou expor aqui Cultos, nem fundamentos, itan – mitos-lendas – que, ampliariam a compreensão do texto. Porém, vou citar, rapidamente, uma Sociedade – Culto das Gelede. As principais características desse culto são as máscaras rituais, que simbolizam o espírito das nossas Mães Ancestrais. As máscaras são usadas por homens que fazem parte de sociedades dirigidas por mulheres que possuem poderes e segredos.

Mas, se a Sociedade é de mulheres, por que são os homens que usam as máscaras e participam do Culto? É uma reverência feita pelos homens-sacerdotes ao Poder Feminino Ancestral! Os homens usam vestes femininas e máscaras com características femininas, dançam para acalmar e não provocar a ira das Mães Ancestrais e, entre outras coisas, para manter a harmonia entre o poder feminino e o poder masculino. Essa cerimônia é realizada, ainda na atualidade, nos festivais anuais da Nigéria.

Oiá-Iansã... e o Poder Feminino na Tradição Iorubá

Esta é uma das representações do Poder Feminino na Tradição Iorubá. Ela está presente no tempo, no espaço. É o próprio ar em movimento que caracteriza sua essência. É a Deusa-iabá que, graças a sua agilidade de espalhar axé, transita no mundo dos vivos e dos mortos. Guerreira, divindade dos ventos, das tempestades, dos raios, dos redemoinhos. Do fogo, da pele de búfalo. Epa rei! Saudação de Oiá-Iansã.

Cosi Ewe, Cosi Orixá... significado na língua iorubá – sem Folha, não tem Orixá!

Conta a lenda-*itan* que Xangô, Senhor do Fogo, da Justiça e do Trovão, teria pedido à Iansã que soprasse um vento forte para fazer cair de uma árvore a cabaça onde Ossain – Orixá das Folhas – guardava todas as folhas da Terra e levasse a cabaça *pra* ele. Iansã pensou mais ou menos assim: "Por que vou dar todo esse poder a Xangô?". E, ao invés de fazer cair a cabaça, soprou forte, as folhas se espalharam e cada Orixá pode pegar a sua folha. E, a partir daí, cada Orixá passou a ter a sua folha de fundamento ritual. É o uso coletivo.

Iansã teria percorrido muitos reinos. No reino de Ire, na cidade de Ogum, ela aprendeu a usar, manusear a espada; em Oxobô, com Oxaguian, aprendeu a usar o escudo para se defender como nós; com Lógun – Edé – a pesca: com Oxossi, a caça, a pele de búfalo; com Exu, aprendeu a usar o fogo, a magia; com Obaluaiê, ela recebe a chave do Igbalé, o lugar para onde vão as pessoas quando morrem (corpo), já que o egum (espírito em outras tradições) vai *pro* Orun.

Assim como Oiá-Iansã se apropriou dos poderes ditos masculinos – dos Orixás, já que iabá é uma denominação usada para Divindades Femininas, como Iemanjá, Oxum, Nanã, Ewá, Obá, Oiá-Iansã, e Eborá, Orixá-masculino, que possamos utilizá-los como estratégias para a nossa luta política na promoção e garantia dos direitos das mulheres negras.

Assim como na dança ritual de Oiá-Iansã o axé se espalha, que possamos, a partir dos mitos da nossa Tradição, abandonar a visão eurocêntrica do feminismo, aproveitar o que nessa teoria fortalece a nossa luta, contudo, sem perder de vista as estratégias de luta que podemos utilizar no nosso Feminismo Preto.

Dororidade... Racismo Religioso... Feminismo...

Desde 2008, uma modificação na Lei Brasileira considera como crimes inafiançáveis invasões a templos e agressões a religiosos de qualquer credo.

A pena vai de um a três anos de detenção, sendo julgado em Varas Criminais e não mais nos Juizados Especiais.

Mas enquanto o tempo passa e a Lei não se aplica...

A Violação de Direitos está atingindo, duramente, os Povos Tradicionais de Matriz Africana na Cidade do Rio de Janeiro, em especial as Casas de Axé situadas na Baixada Fluminense. Não é novidade que o fundamentalismo avança a passos largos, galopantes, em todas as instâncias, travando os campos progressistas do fazer político. Então, não é estar fora da realidade pensar que em 2017, em pleno século XXI, tenhamos a volta da caça às Bruxas e Bruxos!

Mas não estamos falando de qualquer Intolerância. De qualquer Culto. De qualquer Manifestação Religiosa. Nossas práticas sagradas têm Cor... É Preta... Preta. Aí... tudo que é Preto é ruim, nefasto, *tá* lá no dicionário...

A religiosidade de Matriz Africana na diáspora brasileira ressignificou símbolos, territórios. E a África dentro de cada Terreiro de Candomblé ordenou a liturgia e resiste até hoje seguindo o caminho deixado por nossos ancestrais. Contudo enfrentamos hoje, mais do que nunca, o desrespeito à memória de nossa ancestralidade, ao nosso Sagrado. Sagrado fundado pelas Mulheres. Mulheres de Axé. Nossas Matriarcas. Resistência política, religiosa, cultural. As Mulheres de Axé são as pioneiras, fundantes do nosso Sagrado que está sendo depredado!

[...] A nossa religião, na África é comandada por homens, no Brasil se deu o inverso, porque aqui as mulheres foram as primeiras a conseguir as alforrias. Quando elas conseguiam as alforrias, elas já se tornavam comerciantes, elas vendiam joias, vendiam mugunzá, elas vendiam acarajé, as chamadas negras vendeiras, que na Bahia, botaram o nome de mulheres do partido alto [...] então, com essas vendas, elas começaram a comprar os seus pares e também a comprar seus companheiros tanto maritalmente como companheiros da escravidão [...]. A partir daí, elas conseguiam a alforria e a independência econômica primeiro do que os homens [...] talvez tenha sido Iemanjá que deu essa força pra elas e Oxum, as Iabás certo, porque eu acredito que, como vieram pelo oceano, Iemanjá que deixou elas chegarem aqui, então eu acho que Iemanjá olhou assim e disse "Na África quem comanda são os homens, mas quem vai comandar no Brasil somos nós as mães, as mulheres". [...] às vezes até faziam um samba, os senhores de engenho pensavam que era um samba, mas na verdade eles estavam louvando os orixás – aí essas velhas, que ficaram três famosas na Bahia foram Iyanassô, Adetá e Iyakalá. Adetá faleceu, Iyakalá voltou para a África e Iyanassô permaneceu no Engenho da Casa Branca, no Engenho Velho, em Salvador. Dessa casa matriz, aí vocês já sabem a história né, surgiram as principais casas de Salvador, que regem soberanas: o Gantois, o Afonjá e a Casa Branca.

Não esqueçamos que o Dia Nacional de Combate à Intolerância Religiosa nasceu por conta da marca criminosa da Intolerância, do Racismo que vitimou uma Matriarca de Axé na Bahia: Mãe Gilda.

A Constituição Brasileira de 1988 assegura a liberdade de crença, culto, mas...

A Presidência da República oficializou, em 2007, o dia 21 de janeiro como o Dia

Nacional de Combate à Intolerância Religiosa. Instituída pela Lei nº 11.635, de 27 de dezembro de 2007, a data rememora o dia do falecimento da Iyalorixá Mãe Gilda, do terreiro Axé Abassá de Ogum (BA), vítima de intolerância por ser praticante de religião de matriz africana. A sacerdotisa foi acusada de charlatanismo, sua casa foi atacada e pessoas da comunidade foram agredidas. Ela faleceu no dia 21 de janeiro de 2000, vítima de infarto.

O Racismo mata. Maltrata. Exclui. Sataniza. E olha que não fomos Nós que inventamos o demônio. Já fomos combatidos pela colonização. Agora, somos atacados pelo fundamentalismo. Temos muros pichados com dizeres demonizando nossa Fé. Desrespeito e discriminação no trabalho. Na rua. Nas escolas. Na vizinhança, tudo porque temos outra forma de ver o mundo, cujas origens e raízes são guardadas na matriz africana. O Racismo Religioso não nos dá tréguas. Por isso precisamos caminhar!

É preciso lutar muito... pelo Respeito à nossa Tradição, à liberdade religiosa!

O processo é lento... Depende de uma resistência em vários campos: Resistência Linguística. Tradição. Desconstrução. Preservação dos Nossos Valores Civilizatórios... essa fila precisa andar mais rápido. A resistência linguística, a preservação da Língua Iorubá, também se deve às Mulheres nos Terreiros.

Nosso léxico é racista. Colonizado. Nossa língua colonizada continua alimentando o Racismo Estrutural, pai do Racismo Religioso. Posto. Legitimado por uma grande parte da sociedade que ainda acredita que as desigualdades não existem ou estão superadas. Deveriam acessar os dados oficiais que demonstram exatamente o contrário.

Mas o que será que o Feminismo Contemporâneo tem a ver com isso? Acredito que tudo a ver. Pois, como vamos conseguir, de fato, construir um Feminismo Dialógico Interseccional se nossa história, nossos valores civilizatórios não forem incorporados nas práticas e ações do Feminismo? *Pra* ser Dialógico Interseccional, o Feminismo precisa mudar ainda mais a cor, ficar mais preta.

O Feminismo Brasileiro precisa conhecer nossa história. Precisa falar do Racismo! A situação das Religiões Afro-Brasileiras é a mais vulnerável frente às violações dos direitos assegurados na Constituição, promulgada em 1988, que garante a liberdade de crença e culto (artigos 5º e 19º). E a maioria dos Terreiros são liderados por Mulheres. E aí? Por uma Democracia Feminista com o toque do tambor... com o girar das nossas saias. Por uma Democracia que inclua todas as Mulheres!

Os dados demonstram que os adeptos e Terreiros de Religiões de Matriz Africana são a maioria entre os casos denominados de Intolerância Religiosa. Dos trezentos casos denunciados ao Disque 100, da Secretaria de Direitos Humanos, 26,19% das vítimas eram candomblecistas e 25,79% eram umbandistas. Segundo dados da Secretaria dos Direitos Humanos (SDH), vinculada ao Ministério da Justiça, entre janeiro e setembro de 2016 (dado mais recente disponível), foram registradas trezentas denúncias de Intolerância Religiosa pelo Disque 100. Na comparação com o mesmo período do ano passado, que teve 146 denúncias, foi registrado um aumento de 105%.

Contudo, os ataques, perseguições são mais antigos por aqui do possa parecer. *Pra* falar disso... como diria Lélia Gonzalez, vamos revisitar um pouco a História...

Registrado pelos estudiosos da História do Brasil, A Quebra de Xangô – Dia do Quebra ou Quebra de 1912 –

foi um crime hediondo de Intolerância Religiosa (daqui por diante denomino como Racismo Religioso) que aconteceu no dia 1º de fevereiro de 1912 em Maceió, Alagoas.

O ato culminou com a invasão e destruição dos principais Terreiros de Xangô em Maceió. A História cataloga esse terrível episódio como a Quebra de 1912. Todas as Casas de Culto Afro-brasileiro existentes na região foram destruídas. Terreiros foram invadidos, objetos sagrados retirados e queimados em praça pública. Pais e Mães de Santo foram espancados.

A partir daí, os adeptos, iniciados nas práticas de Culto aos Orixás, criaram o chamado Xangô Rezado Baixo. E parece que estamos caminhando nessa direção. Retrocesso.

No período de 1889-1930, era comum a polícia perseguir os Cultos das Religiões de Matriz Africana, invadindo terreiros e apreendendo objetos sagrados.

Apesar da Constituição de 1891 garantir a liberdade de crença e culto, o Código Penal de 1890 criminalizava as Casas Sagradas e tipificava as manifestações, práticas rituais, como curandeirismo, baixo espiritismo, charlatanismo, alegando o exercício ilegal da medicina.

Esse mesmo Código Penal também criminalizava a Capoeira e o Samba. Ou seja, tudo que fosse resultante da Cultura Afro-brasileira. Se é que algum dia esse Poder, no seu lugar de privilégios, reconheceu que produzimos Cultura, que temos Cultura. Filosofia. Tradição. Valores Civilizatórios.

Aqui, mais uma vez, as Mulheres de Axé, resistiram. No Rio de Janeiro, Tia Ciata é referência na preservação do Samba e dos Rituais.

Já no período da República, o Candomblé foi proibido de exercer as suas atividades e os Terreiros ficaram subjugados à Delegacia de Jogos, Entorpecentes e Lenocínio. Portanto, sempre estivemos à margem, e o Estado

Brasileiro não coibiu, de forma efetiva, as várias manifestações de Racismo Religioso que ocorreram no País até os dias de hoje.

Não esqueçamos que, hoje, no Museu da Polícia Civil do Estado do Rio de Janeiro, há mais de duzentas peças sagradas da Umbanda e do Candomblé apreendidas desde a Primeira República (1889-1930). Nessa época, as Religiões Afro-brasileiras eram duramente perseguidas e proibidas. Entre 1945 e 1985, o acervo religioso apreendido foi classificado de forma racista, pejorativa como "Coleção de Magia Negra".

"Coleção da Magia Negra". Ora... se tem Magia Negra é porque existe uma Magia Branca. É isso mesmo? Olha aí o Racismo Linguístico, ideológico, alimentando a Branquitude. Branquitude enquanto sistema de Opressão e Privilégios. Racismo Religioso.

Se a Magia é Branca... é boa. Bendita. Se a Magia é Negra... é ruim. Maldita. *Tá* tudo na Língua que sustenta a Linguagem que alimenta e retroalimenta o imaginário social no cotidiano... E, lembrando Roland Barthes, se a Língua pode ser entendida como a arena da luta de classes... dançamos.

Lá se vão cem longos anos, e nosso acervo cultural e religioso ainda se encontra no Museu da Polícia Civil.

E, ainda hoje, tem que haver uma Campanha denominada "Libertem o Nosso Sagrado", para que esses objetos possam ser destinados a outro museu. Com Respeito. Reconhecimento à nossa Tradição.

Em 2017, arrebenta-se os Terreiros de forma violenta. Estão silenciando nosso Sagrado... nosso Saber Ancestral. Essa cultura criminosa, que instaura o ódio religioso, se volta, de forma absurda, contra os Terreiros na Cidade do Rio de Janeiro.

Mas, como vimos, a História não apresenta novidades nesse processo. O Racismo Religioso vem de longe...

acompanha nossos passos desde que nos trouxeram à força *pra* cá. Por isso que a fala corrente é de que o Povo Preto é Resistente. Mas chega de tanta Resistência. Essa fala referendou o crime da escravidão e mostra que a sociedade não esqueceu que fomos escravizados. Mas, esse mesmo dizer não serviu e não serve para fazer valer nossos Direitos garantidos na Constituição Brasileira.

O Racismo Religioso caminha devagar. Cem anos para libertar o Sagrado Afro-brasileiro. E, somente em 2015, foi criada uma agência especificamente dedicada à Discriminação Religiosa, chamada Assessoria de Diversidade Religiosa e Direitos Humanos.

É... desse jeito.

A Cor da Faxina no Brasil

Faxina tem Cor? Aqui tem. Tem Cor.
É Preta. Ou limpa a sujeira, que é
Preta. *Tá* no Léxico. No dicionário.
É só procurar, sinônimos ou antônimos.
A oposição linguística é notória,
estrutural, alimenta o imaginário...
o racismo... Branco-Luz. Preto-Sujo.
Tá na nossa Língua Portuguesa. É isso
que também conceituo como...

Dororidade... o que é?
Ou o que pretende ser?

Seria a Dor e a nem sempre Delícia de se
Saber ou de não se Saber
Quem Somos...

A Branquitude ainda não esqueceu dos grilhões com que nos acorrentaram. E, a todo momento, temos que dizer, gritar "Ei, gente, faz tempo que arrebentamos as correntes", apesar da grande maioria do nosso Povo Preto ainda continuar acorrentado na imobilidade da escala social.

Precisamos dizer a todo momento Quem Somos. Luana Tolentino teve que responder quem era... o que fazia...

Mas a luta contra o Racismo continua. O Racismo não nos dá tréguas. Não vamos dar tréguas *pro* Racismo. Foi-se a Abolição Inconclusa e a Carne Preta ainda continua sendo a mais barata do mercado...

A pergunta feita à Historiadora Luana Tolentino por uma legítima representante da Branquitude: "Moça, você é Faxineira?", causou, recentemente, indignação nas redes sociais. E a resposta de Luana à referida senhora "Não, eu faço Mestrado. Sou Professora" sinaliza que o Racismo continua a todo vapor.

Luana Tolentino, que recebeu a Medalha da Inconfidência de 2016, ao ser entrevistada pela Revista Fórum, relatou as experiências que passou ao longo de sua vida por conta do Racismo Institucional.

> [...] O que me deixa indignada e entristecida é perceber o quanto as pessoas são entorpecidas pela ideologia racista. Sim. A senhora só perguntou se eu faço faxina porque carrego no corpo a pele escura.
>
> No imaginário social está arraigada a ideia de que nós negros devemos ocupar somente funções de baixa remuneração e que exigem pouca escolaridade. Quando se trata das mulheres negras, espera-se que o nosso lugar seja o da empregada doméstica, da faxineira, dos serviços gerais, da babá, da catadora de papel.

Lélia Gonzalez, diante dessa persistência no nosso País do Racismo que afirma que não é Racista (sic), diria: *Cumé qui é?*. É aí que o bicho pega. E quando pega, apesar da Branquitude insistir em não reconhecer nossos Valores Civilizatórios, recorremos ao nosso princípio filosófico – *ubuntu* – porque a gente produziu, produz conhecimento e temos Filosofia.

Só *pra* lembrar, somos o País com maior População Preta fora de África. E, desde 1992, celebra-se, em 25 de julho, o Dia da Mulher Afro-Latino-Americana e Caribenha, um marco internacional da luta e da resistência das Mulheres Negras, que trouxe a opressão racista sofrida pela Historiadora Preta Luana Tolentino *pra* tentar discutir o Feminismo como Escuta e Diálogo.

Porque é apostando no Diálogo, na Escuta, no Feminismo Dialógico Interseccional, que me coloco como Mulher Preta no Feminismo. Minha escrita, minha escuta, minha fala trazem a marca das aberrações que o Racismo nos imprime e nos empurra goela abaixo no cotidiano.

Quando penso em Diálogo, na construção de um Feminismo Inclusivo, preciso recuperar nosso princípio filosófico. *Ubuntu*. Eu contenho o outro. Somos Um. Somos Uma. O famoso... pegou *pra* uma... pegou geral. Nosso Princípio é circular como as Rodas de *Xirê* no Candomblé... minha Tradição.

Será que pode haver Diálogo Feminista e uma Democracia Feminista num País que vive ancorado no Mito da Democracia Racial. Ou não pode. Acredito que sim. É possível.

A Democracia feminista pressupõe inserir mais Mulheres nos espaços de Poder. E Nós, Mulheres Pretas, estamos nessa. Então vamos ter que dialogar com essa ausência. Dororidade.

E, ainda, como construir uma Democracia Feminista sem dialogar com o Racismo sofrido pela historiadora Luana Tolentino... e tantas outras/outros...? Sem entender que a Faxina ainda tem Cor no Brasil?

E a Faxina tem Cor no Brasil. Tem Gênero. Tem Raça. É Preta.

Temos um grande desafio nessa construção. Precisamos continuar a discutir essa equação – Feminismo. Racismo. Branquitude. Opressão e Privilégios. Acredito ser uma equação perfeita para a viabilidade da construção do Feminismo Negro. Do Feminismo Dialógico Interseccional.

Sim, Luana, a referida senhora só perguntou se você faz faxina porque você carrega no corpo a pele escura. Pele Preta. E, quanto mais Preta, mais Racismo. Steve Biko nos alertou sobre isso.

O aumento do Feminicídio também é Preto por aqui... O Feminicídio só avança. Contudo, as Mulheres Pretas estão morrendo mais.

Os dados oficiais reforçam que a morte das Mulheres no Brasil tem Cor, tem Raça. Em dez anos, de acordo com o último Mapa da Violência, do Governo Federal, a vitimização entre as mulheres negras no Brasil cresceu 54,2%, enquanto o homicídio das brancas caiu 9,8%.

Diante dessa Dororidade Histórica, precisamos trabalhar, cada vez mais. Feminismo. Racismo. Branquitude – Opressão e Privilégios. Acredito que possa fortalecer a todas Nós. Pretas. Brancas. Mulheres.

É, Luana... Nosso lugar *tá* dado, posto na sociedade. É estrutural. Mulher Preta é Pobre; Mulher Pobre é Preta... com baixa escolaridade, ocupando a base da pirâmide no mercado de trabalho, pelo menos na sua maioria. Nesse ponto, recorro mais uma vez ao pensamento de Angela Davis,

> [...] precisamos pensar o quanto o Racismo impede a mobilidade social da População Negra.

Luana, você e muitas de Nós, Mulheres e Jovens Pretas. Rompemos com o determinismo histórico imposto *pra* nossa População. O bicho pega e a Elite Branca não aguenta. "Você faz Faxina?" é uma pergunta que nunca espera a sua resposta "Não, eu faço Mestrado...".

Quando eu argumentei que Dororidade carrega, no seu significado, a Dor provocada em todas as Mulheres pelo Machismo, destaquei que quando se trata de Nós, Mulheres Pretas, tem um agravo nessa Dor, agravo provocado pelo Racismo. Racismo que vem da criação Branca para manutenção de Poder... E o Machismo é Racista. Aí entra a Raça. E entra Gênero. Entra Classe. Sai a Sororidade e entra Dororidade.

E a Pele Preta ainda nos marca e nos mata na escala inferior da sociedade. Por isso, e muito mais, infelizmente, a Faxina tem Cor no Brasil.

A Branquitude poderia ser um pouco mais criativa e se dar ao luxo de pensar que a história é mais dinâmica que as palavras. Demora. Mas a fila anda. E a nossa fila andou, apesar da faxina ainda ter cor por aqui... Enquanto a faxina for preta, exclusiva das Mulheres Pretas, vamos ter que enfrentar esse desafio pós-moderno, colonizado – reafirmar a todo momento Quem Somos. E nem sempre basta. *Pro* Racismo não basta.

No nosso caso, a história é diferente. O buraco é mais embaixo. Ou, parafraseando Lélia Gonzalez... *Cumé qui é?*. Porque é o Racismo que nos dilacera.

É assim que entendo o Racismo. Dororidade. E a qualquer momento alguém também pode me perguntar "... E aí, você faz Faxina?", e vou ter que responder:

"Não, eu faço Filosofia".

Bibliografia

ANDRADE, Carlos Drummond de. "O lutador". In: *José*. São Paulo: Companhia das Letras, 2012.

AVILA, David. "Crítica da razão negra", Achille Mbembe. Disponível em: <http://deusmelivro.com/critica/critica-da-razao-negra-achille-mbembe-25-11-2014/>. Acesso em: 8 nov. 2017.

BAIRROS, Luiza. Lembrando Lélia Gonzalez. In: MENDONÇA, Maisa; WERNECK, Jurema; WHITE, Evelyn (Org.). *O livro da saúde das mulheres negras*: nossos passos vêm de longe. Rio de Janeiro: Pallas; Criola; Global Exchange, 2006.

BARTHES, Roland. *Aula*. Tradução de Leyla Perrone-Moisés. São Paulo: Cultrix, 1978.

BRASIL. Ministério dos Direitos Humanos. 21 de janeiro – Dia Nacional de Combate à Intolerância Religiosa. Disponível em: <http://www.seppir.gov.br/21-de-janeiro-2013-dia-nacional-de-combate-a-intolerancia-religiosa>. Acesso em: 9 nov. 2017.

CALEIRO, João Pedro. O tamanho da desigualdade racial no Brasil em um gráfico. *Exame*, São Paulo, 3 dez. 2016. Disponível em: <http://exame.abril.com.br/economia/o-tamanho-da-desigualdade-racial-no-brasil-em--um-grafico/>. Acesso em: 8 nov. 2017.

CARNEIRO, Sueli. Mulheres negras e poder: um ensaio sobre a ausência. Disponível em: <http://articulacaodemulheres.org.br/wp-content/uploads/2015/06/TC-6-CARNEIRO-Suely-Mulheres-Negras-e-Poder.pdf>. Acesso em: 9 nov. 2017.

CASARA, Rubens R. R. *Estado pós-democrático – Neo--obscurantismo e gestão dos indesejáveis*. Rio de Janeiro: Civilização Brasileira, 2017.

DAVIS, Angela. *Mulheres, raça e classe*. São Paulo: Boitempo Editorial, 2016.

DELEUZE, Gilles; GUATTARI, Félix. *O que é a filosofia?*. Tradução de Bento Prado Jr. e Alberto Alonso Muñoz. São Paulo: Editora 34, 2010. (Coleção Trans).

FRANTZ, Fanon. *Pele negra, máscaras brancas*. Tradução de Renato da Silveira. Salvador: EDUFBA, 2008.

GONZALEZ, Lélia. A categoria político-cultural de americanidade. *Tempo Brasileiro*, Rio de Janeiro, jan./jun. 1988. n. 92/93, pp. 69-82.

_____. A mulher negra na sociedade brasileira. In: LUZ, Madel T. (Org.). *O lugar da mulher*: estudos sobre a condição feminina na sociedade atual. Rio de Janeiro: Graal, 1982. p. 87-106. (Coleção Tendências).

_____. Mulher negra, essa quilombola. *Folha de S.Paulo*, 22 nov. 1981.

_____. Racismo e sexismo na cultura brasileira. In: SILVA, Luiz Antônio Machado et alii. *Movimentos sociais urbanos, minorias étnicas e outros estudos*. Brasília: Anpocs, 1983.

LEMOS, Rosalia de Oliveira. *Do estatuto da igualdade racial à marcha das mulheres negras 2015*: uma análise das feministas negras brasileiras sobre políticas públicas. Dissertação (Doutorado em Política Social) – Universidade Federal Fluminense, Rio de Janeiro, 2016.

LIMA, Náfren Ferreira; OLIVEIRA, José Sílvio de. A Filosofia, criação de conceitos e a educação na sociedade capitalista. In: *Revista Eletrônica do Curso de Pedagogia do Campus Jataí*. Goiânia: UFG, jul./dez. 2008. v. II, n. 5. Disponível em: <https://www.revistas.ufg.br/rir/article/viewFile/20420/19178>. Acesso em: 7 nov. 2017.

LUNA, Denis. Mulheres – fundadoras e pioneiras dos cultos afrodescendentes no Brasil. Disponível em: <http://vixinterativa.blogspot.com.br/2015/03/mulheres-fundadoras-e-pioneiras-dos.html>. Acesso em: 9 nov. 2017.

MATURANA, Humberto R.; REZEPKA, Sima Nisis de. *Formação humana e capacitação*. Tradução de Jaime A. Clasen. Petrópolis: Vozes, 2003.

MOORE, Carlos. *Racismo e sociedade*: novas bases epistemológicas para entender o racismo. Belo Horizonte: Mazza Edições, 2007.

PIEDADE, Vilma. Dororidade. *Blog #AgoraÉQueSãoElas*. *Folha de S.Paulo*, São Paulo, 23 jun. 2017. Disponível em: <http://agoraequesaoelas.blogfolha.uol.com.br/2017/06/23/dororidade/>. Acesso em: 9 nov. 2017.

_____. Mulheres de Axé: caminhando pra resistir!. *Blog #AgoraÉQueSãoElas*. *Folha de S.Paulo*, São Paulo, 16 set. 2017. Disponível em: <http://agoraequesaoelas.blogfolha.uol.com.br/2017/09/16/mulheres-de-axe-caminhando-pra-resistir/>. Acesso em: 9 nov. 2017.

_____. O poder feminino na tradição iorubá. Disponível em: <http://ibase.br/pt/noticias/o-poder-feminino-na-tradicao-ioruba/>. Acesso em: 9 nov. 2017.

PIMENTEL, Thais. Após ser perguntada se fazia faxina, professora diz "não, faço mestrado" e caso viraliza na internet. *G1*, Rio de Janeiro, 21 jul. 2017. Disponível em: <https://g1.globo.com/minas-gerais/noticia/apos-ser-perguntada-se-fazia-faxina-professora-diz-nao-faco-mestrado-e-caso-viraliza-na-internet.ghtml>. Acesso em: 9 nov. 2017.

RIBEIRO, Djamila. Conceição Evaristo: "Nossa fala estilhaça a máscara do silêncio". *Carta Capital*, São Paulo, 13 maio 2017. Disponível em: <http://www.cartacapital.com.br/sociedade/conceicao-evaristo-201cnossa-fala-estilhaca-a-mascara-do-silencio201d>. Acesso em: 8 nov. 2017.

SCHUMAHER, Maria Aparecida. Branquitude para além do incômodo. Disponível em: <http://partidanet.wordpress.com/2017/06/13/branquitude-para-alem-do-incomodo/>. Acesso em: 8 nov. 2017.

TIBURI, Marcia. Hierarquia de opressão: sobre o lugar da luta. *Revista Cult*, São Paulo, 22 mar. 2017. Disponível em: <http://revistacult.uol.com.br/home/hierarquia-de-opressao-sobre-o-lugar-da-luta/>. Acesso em: 10 nov. 2017.

_____. *Ridículo político*: uma investigação sobre o risível, a manipulação da imagem e o esteticamente correto. Rio de Janeiro: Record, 2017.

TOKARNIA, Mariana. Educação reforça desigualdades entre brancos e negros, diz estudo. *EBC Agência Brasil*, Brasília, 18 nov. 2016. Disponível em: <http://agenciabrasil.ebc.com.br/educacao/noticia/2016-11/educacao-reforca-desigualdades-entre-brancos-e-negros-diz-estudo>. Acesso em: 8 nov. 2017.

Agradecimento Especial

À Marcia Tiburi, Filósofa, Escritora, Feminista, Fundadora da PartidA e que nos impulsiona numa construção coletiva Interseccional do Feminismo... para um Projeto Feminista de Poder! Marcia Tiburi...

"Precisamos de um projeto lúcido de país, que incorpore todos os povos e culturas e perceba o peso do neoliberalismo entre nós e sobre nós".

Pela orientação, estímulo, parceria, construção, amizade... e pelo Prefácio lindo, poderoso. Pela PartidA!

À PartidA... É Nós... Valeu! Por uma Democracia Feminista!

À Editora Nós!

À RENAFRO, CRIOLA, CAMTRA, CIEDS, AMB, IBASE, KOINONIA, UNEGRO RJ, AXÉ PELA DEMOCRACIA...

Ao Ilê Omiojuarô – Mãe Beata Presente!

Ilê Omolu e Oxum – na representação de Mãe Meninazinha da Oxum!

Ao Ilê Asé Ala Koro Wô Representado por Yá Torodi D! Ogun... por me ensinar o pertencimento e me ajudar a compreensão do meu Sagrado, da minha Tradição! Pelo Sagrado. Troca. Amizade. Acolhimento.

Ao Pai Paulo de Oliveira-Ifatide e Silvany Euclênio, pelo ponto de Partida. Trajetória. Parceria.

À Família RENAFRO – Rede Nacional de Religiões Afro-Brasileiras e Saúde...

Ao fundador da RENAFRO, Ogan José Marmo da Silva.

À Nananci, pela Orientação e Caminho.

Ao Rumpaime Hevioso Zôônocum Meam – representado por Gaiaku Deusimar D! Lissá.

Casimira Benge – UNICEF... Parceria.

À Michele... pela força jovem, sabedoria.

À Ancestralidade...

A Ancestralidade marca nossa identidade. Portanto, agradeço a todas as Mulheres Pretas que me antecederam.

Aos Homens/Amigos – Parceiros na Luta pelos Direitos das Mulheres e presentes na minha Trajetória de Vida.

Às Mulheres que estão presentes na minha Vida. Parceiras na construção do meu cotidiano. Pela Amizade. Troca. Potência de Afetos.

Agradeço à minha Mãe Ancestral. Minha Bússola... Eparrei Oiá-Iansã!

Obrigada por ser sua filha!

ASÉ!

In Memorian:
Pai Waldir de Oxumarê,
Mãe Beata de Iemanjá

Fundador da RENAFRO –
José Marmo da Silva

Sobre a Autora em Primeira Pessoa

Maria Piedade

Mulher Preta. Brasileira. Feminista. Mulher de Asé. Aquariana, nascida em fevereiro de ano distante, do século passado. Faz tempo que me graduei em Português-Literatura Brasileira, na Faculdade de Letras da UFRJ.

Como Aquariana, com ascendente em Aquário, vivenciei outras experiências profissionais, fora sala de aula, e fui *pra* Publicidade. Trabalhei em algumas Agências de Publicidade no Rio de Janeiro e, finalmente, consegui ser Redatora! Ufa... Porque, na época, o mercado publicitário alijava as Mulheres. Tenho orgulho em dizer que fui uma das primeiras Redatoras a ser contratada numa Agência no RJ. Isso também tem tempo. Lembrei de Machado de Assis: "... o tempo é inexorável..."

Depois foi a vez da Pós-graduação, voltei *pra* Letras da UFRJ e mergulhei na Ciência da Literatura – Teoria Literária. Nasce filho. Cresce filha. Cresce filho.

Fui professora em pré-vestibular comunitário direcionado para negras/negros carentes. Professora de Língua Portuguesa e Literatura Brasileira no Colégio MV-1; Colégio Jime; GPI Vestibulares; MV-1 Vestibulares; Folha Dirigida; Faculdades Integradas SUAM. Professora de correção de redação da Fundação Cesgranrio. Professora de redação do Colégio Princesa Isabel.

Olha o tempo aí de novo! Mudei tudo. Ou tudo mudou.

Minha inquietude me levou *pra* área social. Anos de vivência de trabalhos com Mulheres em comunidades, com adolescentes e jovens – cidadania, racismo, saúde, prevenção DSTs. Depois foi a vez de trabalhar com capacitação de grupos de mulheres e jovens nos temas de geração de trabalho e renda e cidadania através do Fórum de Economia Solidária.

Atualmente, trabalho na perspectiva da discussão do Racismo. Feminismo. Branquitude, Opressão e Privilégios. Língua, Linguagem e Racismo. O Feminismo Dialógico Interseccional. Autora do Conceito Feminista "Dororidade". Daí o Livro surgiu.

Alguns artigos publicados, como "O Poder Feminino na Tradição Iorubá – Feminismo Negro" no Congresso Afrolatinidades de 2013, em Brasília. "Dororidade – O que é ou o que pretende Ser", publicado em 2017 no Blog Agora é que são Elas e no Blog da PartidA. "A Cor da Faxina no Brasil", publicado no Blog Elas que são Elas e no Blog da PartidA... e outros.

Presente na Luta Antirracista. Contra a Intolerância Religiosa / Racismo Religioso. Presente na construção de um Feminismo Dialógico Interseccional que inclua o Feminismo Negro. Presente no Movimento de Mulheres Negras. Mulheres de Asé.

Integrante da PartidA Rio e da AMB Rio – Articulação de Mulheres Brasileiras.

Participação de um Grupo da Sociedade Civil desde 2012 – encerrou em final de 2015... em diálogo direto com a SEPPIR-Brasília para pensar/elaborar o Plano Nacional de Desenvolvimento Sustentável e o Marco Conceitual dos Povos Tradicionais de Matriz Africana, representando a RENAFRO.

Relatora da I Conferência Estadual de Promoção e Igualdade Racial. 2005. Participei da Relatoria da Revisão da Conferência de Durban. Brasília. 2008. Relatora da II Conferência Estadual de Promoção e Igualdade Racial. 2009.

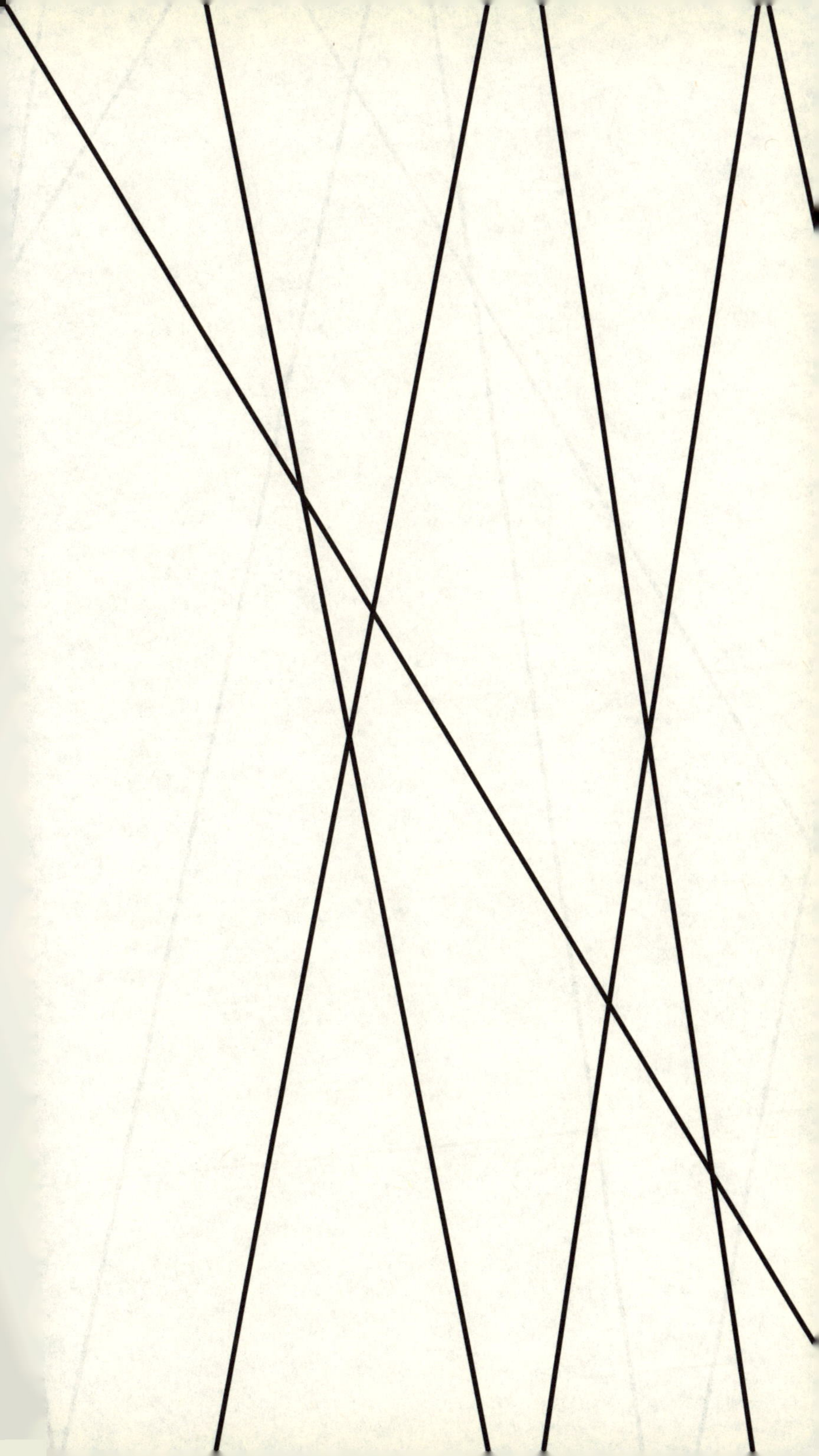

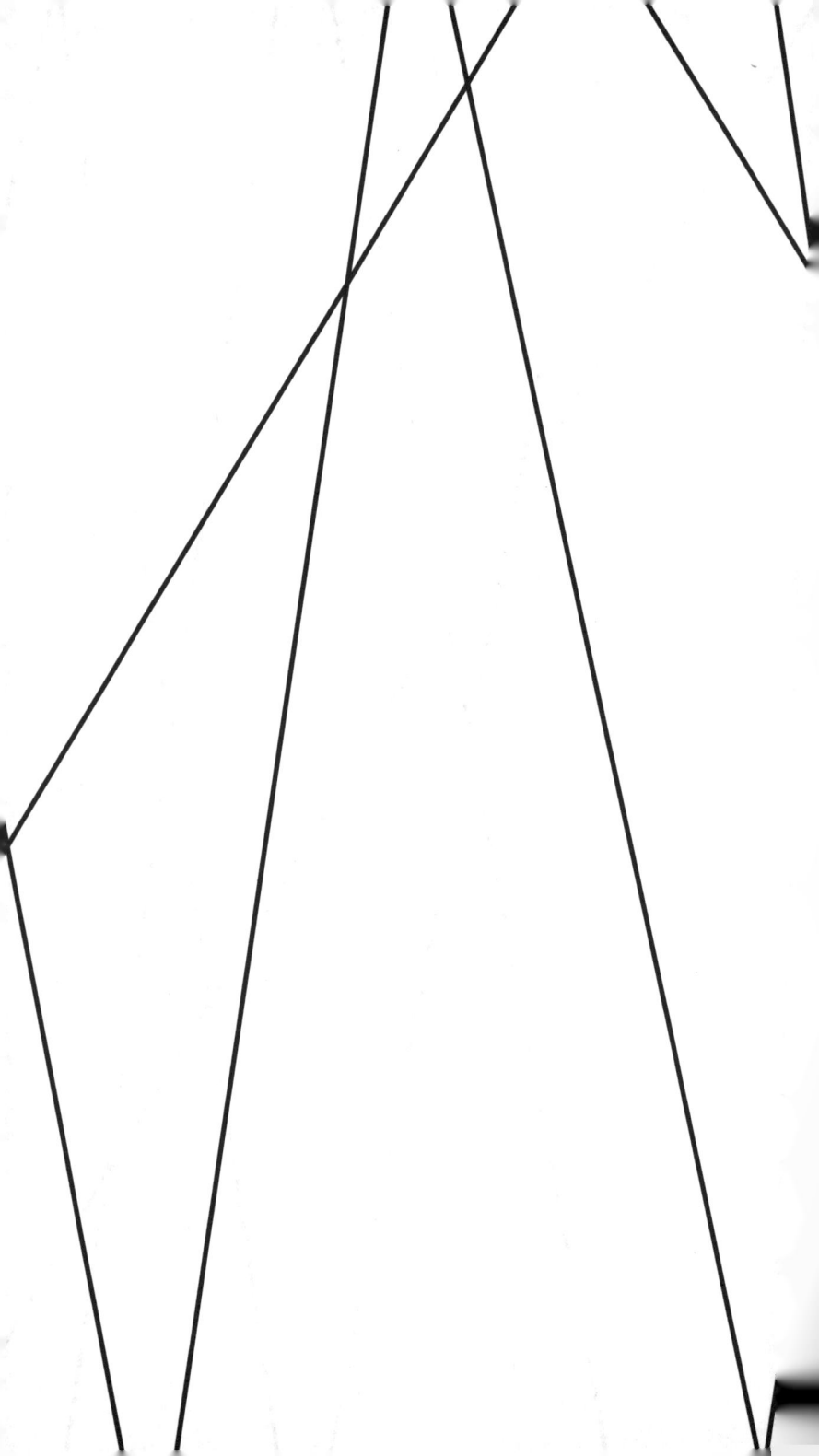

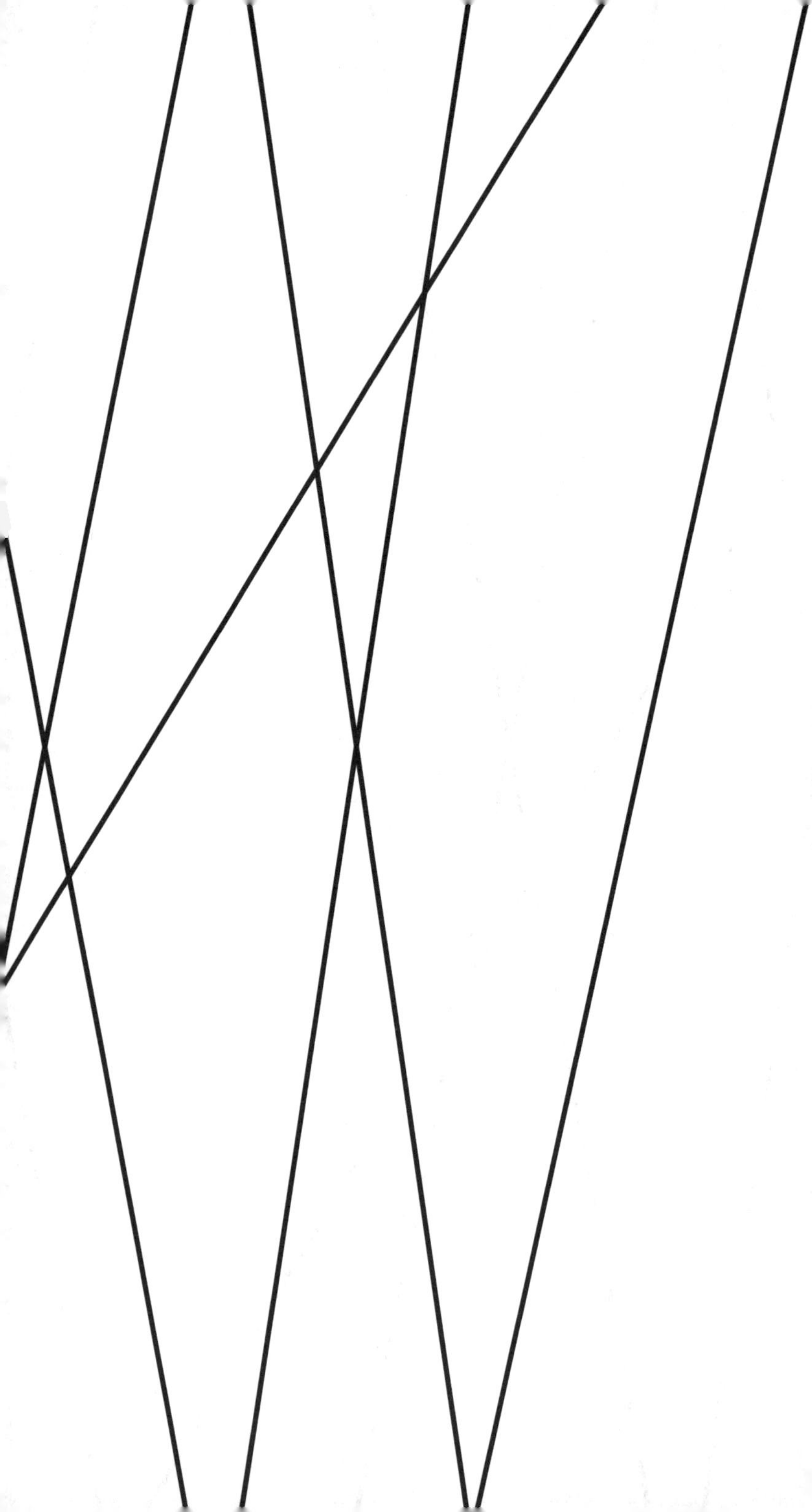

© Editora Nós, 2017

Direção editorial SIMONE PAULINO
Editora assistente SHEYLA SMANIOTO
Projeto gráfico BLOCO GRÁFICO
Assistentes de design LAIS IKOMA, STEPHANIE Y. SHU
Revisão DANIEL FEBBA
Produção gráfica MARINA AMBRASAS

5ª reimpressão, 2023

Dados Internacionais de Catalogação na Publicação (CIP)
de acordo com ISBD

P613d
Piedade, Vilma
   Dororidade: Vilma Piedade
   São Paulo: Editora Nós, 2017.
   64 pp.; 12,5 × 21 cm.

ISBN 978-85-69020-25-7

1. Filosofia. 2. Ensaio. 3. Feminista I. Título.
2018-865 / CDD 100 / CDU 1

Elaborado por Vagner Rodolfo da Silva – CRB-8/9410

Índices para catálogo sistemático:
1. Filosofia 100
2. Filosofia 1

Todos os direitos desta edição
reservados à Editora Nós
Rua Purpurina, 198, cj 21
Vila Madalena, São Paulo, SP | CEP 05435-030
www.editoranos.com.br

Fontes BELY, CIRCULAR
Papel PÓLEN BOLD 70 g/m²
Impressão SANTA MARTA